L'EMPEREUR

EN ALGERIE

PARIS. — IMPRIMERIE DE DUBUISSON ET Cᵉ, RUE COQ-HÉRON, 5.

L'EMPEREUR

EN ALGÉRIE

PAR

W. DE FONVIELLE

—⊶⊷⊶—

<table>
<tr><td>

PARIS

E. DENTU

LIBRAIRE-ÉDITEUR

Galerie d'Orléans

</td><td>

ALGER

Librairie Algérienne de DUBOS F^{res}

RUE BAB-AZOUN

A. DUBOS, successeur

</td></tr>
</table>

CHEZ CHALLAMEL AÎNÉ

LIBRAIRE - COMMISSIONNAIRE POUR L'ALGÉRIE

30, rue des Boulangers

1860

L'EMPEREUR

EN ALGÉRIE

I

Malgré la grandeur de son génie civilisateur, la France ne paraît pas posséder l'art de la colonisation, car si les lointains établissements qu'elle a formés à tant de reprises différentes sont un témoignage de son ardeur à créer, ils constatent également son impuissance à conserver.

Que nous ont appris les revers si fréquents dont notre histoire maritime abonde? Avons-nous compris ce qui fit la force de nos rivaux, et ce qui rendit inutile la vaillance de nos soldats? Saurons-nous triompher, non pas de la jalousie des ennemis de la France, mais de nos propres préjugés, de nos propres erreurs?

Ce n'est pas à propos du voyage de l'Empereur qu'il serait opportun de rappeler les tâtonnements auxquels ont donné lieu, en Algérie, les différents systèmes prônés tour à tour et abandonnés successivement. Jetons un voile sur les erreurs d'une nation qui s'est imposé tant de sacrifices pour civiliser des hordes barbares et pour mettre en valeur des steppes incultes, foulées par de maigres et sauvages troupeaux.

Après des hésitations regrettables, le ministère paraît marcher, un peu timidement il est vrai, dans la voie féconde tracée par le programme de Limoges ; s'il faut en croire les derniers actes de l'administration supérieure, les efforts des gens qui voyaient dans l'Algérie autre chose qu'une proie à exploiter par quelques intrigants, n'auront pas été superflus. Les colons qui auront bravé. le dépit de certaines médiocrités prétentieuses n'auront pas à regretter leur courage. Aucun des fonctionnaires dont le zèle a été condamné ne.manquera d'être justifié par les événements. Les publicistes eux-mêmes, qui ont cru nécessaire de dévoiler l'incompétence d'administrateurs inexpérimentés, oublieront facilement leur liberté, leurs intérêts compromis, en voyant qu'on justifie leur doctrine et qu'on développe progressivement leur programme.

Dans un pays où les grands travaux sont aussi nécessaires que fructueux, l'important était d'inaugurer l'ère industrielle. Aussi la concession définitive du réseau algérien, malgré le peu d'étendue du parcours mis en adjudication, doit-elle être considérée comme le point de départ d'une période nouvelle; de même que le mal appelle le mal, les progrès s'enchaînent et se soutiennent mutuellement.

Les ressources naturelles de l'Algérie ne dormiront pas longtemps inutiles, du moment que commence l'occupation financière de la colonie. On exploitera ces mines à peine explorées Bientôt les moissons ne pourriront plus sur pied, faute de bras pour les recueillir, faute de routes pour les transporter ; les eaux qui donneraient au sol une fécondité prodigieuse ne rouleront pas inutilement dans la Méditerranée, entraînant chaque année avec elles les débris de la terre végétale, et dénudant périodiquement les flancs escarpés des montagnes déboisées.

Les modifications introduites dans le mode d'aliénation des propriétés domaniales ne peuvent manquer d'entraîner l'adoption d'autres mesures libérales. Bientôt disparaîtront, sans doute, les derniers débris de cette législation exceptionnelle qui éloignera toujours des travailleurs habitués à la protection de nos formes judiciaires et aux allures paisibles d'une administration régulière.

L'un après l'autre tomberont les obstacles apportés par la routine à l'acquisition des immeubles en territoire militaire; ils auront le sort des clauses résolutoires dont un décret qui vient d'être rendu a débarrassé les concessions octroyées jusqu'à ce jour.

La spéculation européenne, qui avait déserté un pays éprouvé par tant de crises financières, ne tardera pas à exploiter tant d'éléments de fécondité.

Les capitalistes, rassurés par l'exemple de la compagnie des chemins de fer, ne dédaigneront plus les brillantes éventualités offertes dans une colonie située à quarante-huit heures de la métropole.

La transformation de l'Algérie s'accomplira infailliblement si de nouvelles hésitations ne viennent pas faire avorter un ensemble de mesures préliminaires qu'il est indispensable de couronner par de larges et sérieuses réformes.

Que les colons tant de fois déçus se rassurent donc, la France ne leur laisse pas concevoir de brillantes espérances pour les réduire de nouveau au désespoir.

Après avoir accompli, malgré l'opposition des puissances étrangères, l'annexion matérielle de Nice et de la Savoie, le chef de l'État reculerait-il devant quelques réformes indispensables pour consommer une conquête bien plus essentielle à la grandeur et à la sécurité de la France?

Aussi est-il à présumer qu'il ne s'arrêtera pas devant quelques ténébreuses résistances, et qu'il tiendra à rendre fructueuse la tournée qu'il a entreprise le 23 septembre. Il voudra sans doute proclamer lui-même l'annexion morale de la grande et belle colonie que tant d'abus séparent encore de la mère patrie !

II

Des milliers de colons, appartenant à toutes les races européennes, sont accourus à l'ombre de nos drapeaux pour confier leur fortune à notre conquête. Mais combien, hélas! ont payé leur tribut aux difficultés de l'installation d'une société civilisée dans une contrée que le despotisme a dévastée depuis tant de siècles! Combien de malheureux étrangers ont fui l'Algérie, découragés, ulcérés, et promènent dans toute l'Europe le récit de leurs infortunes!

Il est temps qu'une ère de prospérité, encore infructueusement attendue, vienne donner un démenti à de tristes prévisions. Le sang et l'or que nous avons répandus avec une sorte de passion pendant trente années consécutives doivent enfin porter des fruits. Si nous ne parvenions à justifier notre conquête par des bienfaits incontestables, nous ne pourrions éviter qu'elle ne soit rangée dans l'histoire à côté de la domination des Autrichiens en Italie et en Hongrie, ou des Russes en Pologne.

Les peuples qui acceptent la responsabilité d'envahir le territoire des autres nations pour les civiliser doivent réussir sous peine d'infamie.

Nous deviendrions encore une fois la risée de l'Europe si nous donnions une nouvelle preuve de notre impuissance, si nous ne savions même pas dissimuler sous de riches moissons les ruines que notre conquête a dû faire.

Quoi ! pendant que nos rivaux sèment d'immenses empires aux extrémités du monde, nous nous montrerions hors d'état de créer quelque chose de grand en face de Marseille, d'organiser un établissement prospère à quelque heures de nos rivages !

Un sol inépuisable, un climat généreux, tous les dons que la nature peut prodiguer à une terre favorisée deviendraient d'inutiles faveurs, tombant entre des mains stériles, du moment que nous nous en serions emparés.

Ayons plus de confiance dans le génie de notre France, elle a fait ses preuves en Europe. Cherchons aujourd'hui sur les confins du désert la véritable extension territoriale dont nous avons besoin pour asseoir sur une base inébranlable notre juste influence.

Les avantages naturels d'une position géographique inappréciable nous permettent de réparer à la fois tous nos désastres militaires en réalisant les merveilles de la paix. C'est la charrue à la main que nos laboureurs peuvent déchirer les traités de 1815 et prendre une revanche de Waterloo !

III

Une sorte de fatalité semble s'attacher à notre fatale conquête.

La prise d'Alger précède de quelques jours la chute de la dynastie qui a planté le drapeau français sur les ruines de Bordj Mouley Hassen.

Les fils d'Orléans apprennent en un seul jour sur ce sol maudit la défaite, la fuite, l'exil de leur père, la ruine du trône que leur famille avait occupé pendant dix-huit années.

La République a fait dans des villages improvisés un malheureux essai de sa bonne volonté, présage funeste du sort qui lui était réservé. — Les ossements des milliers de colons entassés dans de vastes cimetières témoignent de l'ardeur de la lutte que le peuple travailleur a supportée plus encore contre l'impéritie des administrateurs que contre les marais et le soleil d'Afrique. Malgré tous ces désastres, malgré tous ces désenchantements, l'Algérie est demeurée populaire.

Tous les intérêts de parti disparaissent, toutes les préoccupations dynastiques s'anéantissent devant la création d'une France nouvelle, dont les richesses seront nôtres, dont le sang même nous appartiendra. Le peuple entier s'est épris d'une passion bien désintéressée ; car elle ne lui a rapporté jusqu'à ce jour que de la gloire ! Le plus pur de son sang, le plus clair de son or, voilà le cadeau qu'il a fait à la colonie, qu'il persiste à aimer à cause peut-être de ce qu'elle lui coûte. Jamais, même aux plus mauvais moments de son histoire, l'Algérie n'a cessé d'être une des plus graves, des plus incessantes préoccupations de la France. Lorsqu'on l'abandonnait au déréglement de l'esprit despotique, des voix généreuses protestaient contre les abus de pouvoir et signalaient à la France indignée les malversations, les fautes dont ses représentants se rendaient coupables. La tribune nationale retentissait d'incessantes dénonciations, qui fournissaient au moins l'occasion de dégager la responsabilité morale du peuple. Jamais le ministère, demandant des hommes ou de l'argent, ne s'adressa inutilement à nos assemblées délibérantes, qui se montrèrent peut-être trop généreuses et sûrement trop confiantes.

Les gouvernements qui se sont élevés les uns après les autres sur le sol mouvant de la capitale ont montré une persévérance bien peu compatible avec la légèreté ordinaire de nos mœurs politiques. Aucun d'eux n'a cherché à faire la critique de ses prédécesseurs en rendant leurs efforts inutiles, mais en cherchant à surpasser leur zèle. Royautés, république, empire, ont apporté successivement à l'œuvre commune leur contingent d'hommes et d'argent. Ni révolutions, ni restaurations, ni guerres étrangères, ni guerres civiles, n'ont pu interrompre cette succession de tentatives plus ou moins intelligentes, mais incessamment répétées.

Si les fils d'Henri IV ont démérité de la France, qui eut raison de briser leur sceptre, ils ont bien mérité de l'Algérie.

Les d'Orléans, malgré leurs fautes, leurs hésitations, leurs erreurs, n'en ont pas moins laissé d'honorables souvenirs dans la colonie. La trace de leur puissance n'a pas été effacée par le vent des révolutions, qui l'a respectée sur le sable mouvant du Sahara.

Dans mainte chaumière, on rencontre encore l'image de ceux que la colère du peuple a chassés sur la terre étrangère. L'Algérie, qui n'a jamais été ingrate pour personne, a perdu la mémoire de leurs fautes afin de pouvoir conserver plus entière celle de leurs bienfaits.

La proclamation de la République a laissé des traces ineffaçables dans l'esprit des indigènes; car le gouvernement provisoire a affranchi les nègres par un décret dont ces pauvres gens célèbrent religieusement l'anniversaire. Les témoignage de leur joie naïve et sincère ne sont-ils pas la plus belle récompense qu'ils puissent offrir aux amis inconnus dont ils ignorent les noms, mais dont ils bénissent périodiquement l'humanité ! L'Algérie ne devait pas être oubliée dans les projets qui ont été produits avec tant d'activité pendant la période d'effervescence de la révolution.

On a fait trève pour elle aux préoccupations qui agitaient l'opinion et entravaient toutes les réformes dans le sein de la mère patrie.

Malgré les alarmes des propriétaires français sur la conservation de leurs droits, on a entrepris la constitution de la propriété algérienne. Au moment où le pouvoir militaire dominait en France une société essentiellement civile, les décrets des assemblées nationales jetaient les bases du pouvoir civil au milieu d'une société alors toute militaire.

Le gouvernement impérial n'a pas payé sa dette à la nouvelle France avec moins de dévouement. C'est lui qui, ayant complété l'occupation militaire du pays, a pu sérieusement travailler à la pacification de l'esprit des indigènes. De cette période date réellement l'installation d'un gouvernement régulier ainsi que l'inauguration de la vapeur, ce grand instrument des sociétés civilisées, qui régénère les nations déchues et qui suscite des nations puissantes au milieu des plus arides solitudes. La création du ministère de l'Algérie sera considée comme le signal d'une tentative de réformes radicales dont le souvenir ne s'effacera pas de longtemps. Les Algériens se rappelleront le trop court passage aux affaires du prince-ministre, dont la retraite a été l'occasion de manifestations auxquelles ont pris part tous les colons sans distinction d'opinion politique; car une seule passion les anime, celle de la colonisation.

Trop longtemps l'Algérie a servi de théâtre aux débuts de l'autocratie pour qu'elle ne sache pas gré à ceux qui ont manifesté l'intention d'y faire l'essai de théories libérales et l'expérience d'un gouvernement progressiste.

On peut souvent reconnaître dans les affaires de ce monde ce qu'on pourrait appeler un enchaînement providentiel; rien ne saurait arrêter définitivement l'expansion du progrès. Les résistances locales dont les dernières tentatives de réforme ont donné le signal, n'auront-elles pas tourné au profit de l'Algérie et à la confusion de ses ennemis?

Si elles ont eu l'inconvénient de faire perdre quelques années précieuses dans un pays où « le temps est de l'or, » puisque tout est encore à créer, elles auront eu au moins l'avantage de mettre en évidence l'incapacité, le mauvais vouloir de bien des gens dont l'hostilité secrète eût été seule dangereuse, et qui sont désarmés dès qu'ils sont démasqués.

IV

Peu de voyageurs visitent l'Algérie sans en garder au moins un agréable souvenir. L'homme du Nord n'échappe pas à l'influence des lignes sombres et austères du désert ; il ne se repose point impunément à l'ombre des voluptueux bouquets de palmiers.

Le ciel d'Europe paraît terne et fade aux yeux habitués à contempler nos limpides horizons d'Afrique ; les formes des végétaux de la zone tempérée deviennent monotones quand on songe à l'aspect étrange de ces plantes bizarres qui ornent si poétiquement nos solitudes algériennes.

Les montagnes des pays du Nord semblent humbles lorsqu'on se rappelle ces cols creusés par un effort gigantesque de la nature dans un moment de puissante expansion.

Comme les cours d'eau de France sont lents et paresseux auprès de ces rapides torrents qui ravinent les flancs des montagnes abruptes de la Kabylie !

Les soldats qui ont souffert la faim et la soif en foulant le sol aride des steppes inhabitées, ont plus d'une fois oublié leurs tourments en contemplant le spectacle dont ils étaient environnés.

Il n'est pas de colon défrichant péniblement sa maigre concession, qui n'ait été soutenu par le contact de cette nature grandiose, et qui n'ait compris, grâce à elle, l'importance de la mission qu'il accomplissait en arrosant de ses sueurs une terre destinée à devenir le jardin de la France.

Les proscrits eux-mêmes se sont attachés à ce sol qui a dévoré tant de victimes, mais où ils ont rencontré tant d'âmes généreuses, tant de cœurs sympathiques à toutes les infortunes.

Le chef de l'État ne viendra donc pas impunément respirer le parfum des belles nuits d'automne, fouler le tapis de gazons émaillés de fleurs qui couvre les environs d'Alger. Il obéira comme les soldats, comme les travailleurs, comme les proscrits, à l'irrésistible attraction qu'exerce sur ous ceux qui foulent son sol dévasté, la pauvre mais séduisante Algérie.

V

Quatre cent mille anciens soldats sont revenus dans leurs foyers après avoir passé dans les régiments d'Afrique. Les récits de leurs campagnes, des dangers qu'ils avaient affrontés, des fatigues qu'ils avaient supportées, devaient agir sur des intelligences hardies; des âmes vulgaires n'auraient osé s'établir dans un pays peuplé d'ennemis impitoyables, aussi avides du sang français que les lions et les panthères qui habitent leurs montagnes.

Mais des natures énergiques et actives se sentaient disposées à entreprendre volontairement un voyage dont on menaçait les esprits timides comme d'un châtiment terrible, à accepter un exil qui inspirait une terreur profonde à des populations sédentaires.

L'Algérie a été également le rendez-vous des hommes que le contre-coup des événements politiques a engagés à chercher une nouvelle patrie. Le souvenir des luttes et des conspirations qui ont agité l'Occident pendant ces dernières années est pieusement conservé par des colons qui ont pris une part plus ou moins active à ces événements. Ils ne sont pas devenus indifférents au sort de l'humanité, au succès de leurs doctrines, parce qu'ils ont abandonné l'Europe pour s'établir dans un milieu moins agité. Nulle part l'esprit public n'est disposé à accepter tous les progrès comme dans notre grande colonie d'Afrique. On y rencontre à peine des préjugés trop communs en Europe et plus difficiles à déraciner que le palmier nain qui couvre les campagnes algériennes.

Toutefois un sentiment de soumission presque filiale pour la France domine d'une manière absolue toutes les convictions personnelles; personne ne met en doute la nécessité de respecter toutes les décisions de la métropole; aucun mécontent ne proposerait de se révolter contre la nécessité de suivre docilement toutes les péripéties de la politique intérieure de la mère-patrie.

Quel que soit le titre que porte le chef de l'État, quelle que soit la nature de ses pouvoirs, il sera toujours le bienvenu en Algérie. On acclamera cette France généreuse, dont les bonnes intentions sont souvent rendues inutiles par les résistances maladroites d'une administration incapable, mais dont la générosité est inépuisable.

Pas de rancunes, pas de désespoir n'auraient la triste puissance de troubler les rapports de la colonie avec la mère patrie. La concorde ne peut être compromise par aucune guerre civile, par aucun coup d'État, par aucune révolution. L'affection mutuelle repose sur des liens trop solides pour ne pas être supérieure à tous les événements.

Deux fois en quatre ans l'Algérie a été mise à une rude épreuve; mais elle a sans hésiter fait le double sacrifice, d'abord de ses regrets, ensuite de ses espérances.

Elle a su conserver la statue équestre d'un prince dont elle aimait le souvenir, mais dont elle n'aurait jamais songé à défendre le trône. Pas un des bras qui se seraient levés pour protéger son image ne se fût armé pour protester contre les volontés de la France, toujours sûre d'être obéie par sa fille respectueuse et docile.

Quelques mois seulement après ces événements, l'Algérie eut encore l'occasion de donner un libre cours à ses sympathies pour l'infortune, sans exciter aucune crainte, sans réveiller aucune susceptibilité. Personne n'a songé à lui reprocher l'accueil que trois fois elle a fait aux proscrits.

Si la France, dans son amour pour l'Algérie, oubliait tout dissentiment, toute haine, de son côté, le colon, dans sa nouvelle patrie, ne se souvenait que de son amour pour la France.

Jamais elle ne voudra séparer sa fortune de celle de la France, dont elle partagera tous les enthousiasmes, dont elle respectera toutes les erreurs, dont elle subira toutes les épreuves, car elle éprouve une véritable passion patriotique, que jamais sacrifices ne pourront lasser, et qui ne pourrait être ébranlée que par le dépit de se voir méconnue.

Sur cette terre, où tant de races indigènes vivent impuissantes depuis des siècles, parce qu'elles sont restées hostiles l'une à l'autre, parce que les différentes tribus ont conservé l'héritage de leurs haines et de leurs passions particulières, les colons comprennent admirablement la puissance de la concorde et de l'union.

En face des grandes choses qui doivent s'accomplir en Afrique sous l'égide de la France, il se forme insensiblement un parti véritablement national de travail et de progrès.

Les futurs conquérants du sol algérien ont le droit de célébrer à l'avance la victoire qu'ils remporteront bientôt, non-seulement contre la nature, mais contre les fautes des hommes dont les erreurs seront mises en déroute.

Ce triomphe leur aura coûté assez cher pour qu'ils puissent être fiers de ce qu'ils ont déjà conquis. Que de larmes ont coulé! que de pères, que de mères ont disparu! que d'enfants ont été engloutis! que d'orphelins sont restés sur la terre d'Afrique pauvres et sans appui

Oublions ces tristes souvenirs pour songer à l'avenir qui attend l'Algérie, transformée, régénérée.

Que des acclamations retentissent dans les murs d'Alger, sur le champ de bataille de la civilisation. Nos colons se rendent justice à eux-mêmes en montrant avec orgueil les obstacles qu'ils ont su vaincre, les résultats que leur patience a conquis au milieu du désordre de l'administration et du pêle-mêle des intérêts.

Que toutes les feuilles d'Europe enregistrent ces manifestations dont aucun parti n'aura le prétexte d'être jaloux, car aucun ne saurait en réclamer le monopole : c'est à la France entière que s'adresse l'hommage de reconnaissance de sa fille adoptive; il doit donc pénétrer jusqu'au cœur de la mère patrie.

VI

Le souvenir de plusieurs révolutions se succédant à courte échéance plane sur toute notre organisation politique. Quoique la presse soit déchue de son importance naturelle, elle n'en possède pas moins une puissance fort réelle, une influence moins éclatante qu'autrefois, mais cependant fort sérieuse.

L'esprit public se fait jour par mille voix détournées, de sorte que les mœurs, qui n'ont pas cessé d'être essentiellement libérales, tempèrent nécessairement les imperfections de la constitution.

Même dans leurs vives critiques de l'organisation des pouvoirs publics, les réformateurs ne peuvent s'empêcher de reconnaître que l'indépendance des citoyens est une sorte de parachute pour la liberté.

Cependant des esprits éclairés attribuent à l'importance et à la multiplicité des pouvoirs accordés au gouvernement l'espèce d'atonie qui s'est emparée de l'opinion, le temps d'arrêt que tout le monde déplore dans notre littérature dont les œuvres portent le cachet d'une sorte de décadence précoce. Combien ne doit pas être plus redoutable l'excès du principe d'autorité dans un pays où la liberté n'a jamais acquis le droit de cité; où les seuls souvenirs des indigènes sont ceux qu'ont laissés les exécutions sommaires, les razzias et la piraterie d'une milice sauvage pendant quatre cents ans de sanglante orgie?

Ne paraît-il donc pas logique, indispensable, de ne pas importer en Afrique les défauts des sociétés vieillies, de ne pas fonder une colonie en décadence? Peut-on créer quelque chose de grand sans l'enthousiasme de la liberté?

Cependant l'Algérie n'a même pas été assimilée au régime légal de la France, à cet état provisoire dont le gouvernement proclame l'insuffisance non pour engendrer une société nouvelle, mais pour conserver celle qui existe aujourd'hui.

On aurait dû inaugurer solennellement en Algérie le couronnement de l'édifice, comme l'ont conseillé plusieurs esprits éminents.

Au contraire, nos architectes coloniaux ont paru craindre d'en commencer la construction en naturalisant complètement notre régime légal, c'est-à-dire la base de notre organisation politique et sociale. Ce qu'ils se sont empressés d'introduire dans notre conquête à la suite de nos armes, ce sont les imperfections de nos codes, les défauts de nos constitutions; aucune des précautions que le chef de l'État lui-même à cru devoir tracer pour sauvegarder la liberté des citoyens n'a été conservée sur la rive méridionale de la mer qu'on aime à appeler le lac français. L'administration locale trône sans autre contrôle que celui de commissions consultatives nommées par elle sans la participation des populations; sans autre contre-poids que l'amour du bien public, que le désir de faire prospérer la colonie. Des lois, qui intéressent cependant un nombre considérable de Français, sont mises en vigueur sans que le Corps législatif ait le droit d'intervenir, sans que le pouvoir soit obligé de rendre compte de sa gestion. Un simple décret impérial peut suspendre l'exercice du droit de propriété dans ce qu'il a de plus essentiel, la faculté de vendre ou d'acquérir. La juridiction des tribunaux ordinaires ne s'étend même pas sur tout le territoire que nos armes ont soumis.

La conquête française a chassé les janissaires, mais l'esprit despotique de la milice turque plane encore, pour ainsi dire, sur les palais que la main des esclaves chrétiens a édifiés.

Si l'opinion règne en Europe, suivant une expression qui restera célèbre, il est presque vrai de dire qu'elle est encore en esclavage sur les côtes de Barbarie, car on ne l'y consulte jamais.

VII

En plein soleil d'Afrique, les ennemis de l'Algérie devront renoncer à donner le change sur la déplorable politique adoptée pendant tant d'années. Car les efforts d'administrateurs populaires, dont l'indulgence est toujours prête à excuser les écarts de leurs prédécesseurs, ne parviendront même pas à déguiser la gravité des fautes commises pendant le tiers de siècle qui vient de s'écouler.

Partout les traces d'un passé pénible frapperont les yeux de l'observateur le moins perspicace.

Malgré le zèle éclairé dont l'administration municipale d'Alger fait preuve depuis quelque temps, le monument informe qui surcharge inutilement les hauteurs de Kouba s'élève comme un phare destiné à annoncer dès la haute mer l'imprévoyance avec laquelle les administrateurs algériens épuisent en travaux superflus les ressources d'un budget insuffisant.

Comment entrer dans le port sans s'indigner contre la maladresse des ingénieurs qui ont pris plaisir à le rétrécir en construisant une jetée tortueuse dont la courbure semble calculée de manière à rendre sa destruction aussi prompte que possible?

Comment s'y prendre pour remplir cette lacune qui dépare le coup d'œil offert par les magnifiques façades de la place du Gouvernement, pour effacer ce témoignage de l'obstination cléricale?

Peut-on faire un pas dans les rues Bab-Azoun et Bab-el-Oued sans condamner l'ignorance des architectes qui ont disposé leur plan comme s'ils avaient eu à édifier des bastions, et non à décorer une capitale? L'Empereur pourra-t-il entrer dans le palais du Gouvernement sans être choqué du mauvais goût qui a présidé à la construction de l'informe cathédrale qu'on a commis la faute bien caractéristique d'établir sur les ruines d'une mosquée détruite par nos modernes vandales?

Si l'Empereur sort d'Alger par la porte Azoun, il sera frappé de voir la plage, où de magnifiques maisons devraient s'élever, couverte par un champ de manœuvre qu'on aurait dû reléguer dans mille emplacements inutiles.

Ira-t-il, au contraire, du côté de Bab-el-Oued, ce sera pour voir le Séminaire et ses vastes jardins couronner les coteaux les plus fertiles, tandis que le Lycée est enfoui dans une maison obscure, étroite et délabrée.

On ne pourra pas lui montrer la ravissante promenade des aqueducs, dont les riverains se sont emparés sans droit.

S'il va au théâtre impérial, ce sera sans doute pour apprendre qu'on a déjà été obligé de reconstruire ce monument à peine achevé !

On lui cachera sans doute cet escalier monumental qu'aucun Algérien ne peut gravir sans songer à l'incapacité des ingénieurs qui ont tant de fois échoué devant uneœuvre dont le plus vulgaire maçon aurait dû s'acquitter du premier coup.

Dût-on l'environner de villages de carton, comme l'impératrice de Russie, dans son voyage de Crimée, on ne lui cacherait pas l'état d'abandon où se trouvent encore tant de terres fertiles, qu'on ne saurait couvrir de moissons postiches.

Pourra-t-il se rendre à Bouffarick sans trouver les portes de la ville occupées par des terrains vagues, accusant l'insouciance des fonctionnaires qui ont trop facilement accordé d'immenses concessions ou reconnu trop légèrement la validité d'acquisitions dérisoires faites dans les premiers temps de la conquête. Fera-t-il un pas dans la campagne sans rencontrer de jeunes ruines françaises, restes informes de nos erreurs administratives.

Partout le chef de l'État sera poursuivi par le spectre de l'incapacité administrative avec laquelle l'activité et l'intelligence des colons seront à chaque instant mis en parallèle. Partout en effet la manie de réglementer ce qui devait être laissé à l'initiative individuelle a paralysé les efforts des citoyens. Mais partout aussi l'activité coloniale a réagi contre les tendances autocratiques de l'administration et montre ce que les colons sauraient faire si l'on avait confiance dans leurs lumières et dans leur patriotisme.

C'est ainsi qu'un soleil desséchant dévore la végétation qui couvre des régions planes fertiles. Mais dans les replis des rochers s'abritent quelques plantes luxuriantes dont les racines profondes ont rencontré un sol humide. Ces touffes gracieuses ne servent pas seulement à diversifier le paysage, elles sont un témoignage accusateur contre l'incurie des hommes qui n'ont pas su recueillir les eaux de la saison pluvieuse pour utiliser un sol destiné à porter d'inépuisables moissons.

VIII

L'immense fantasia que l'autorité militaire préparera sans doute sur les bords de l'Arrach offrira certainement un spectacle de nature à exciter la curiosité des touristes, à inaugurer dignement les trains de plaisir que les populations du Midi n'ont pas encore l'habitude de voir diriger vers l'Afrique française.

Nous comprenons facilement que lords, gentlemens et ladies, quittent les bords de la Tamise pour voir ces impétueux cavaliers faisant parler la poudre devant le Sultan des Français.

Tout en effet semble rehausser la gloire de la France, car c'est dans la plaine où tourbillonne cette cohue que débarqua la terrible armée de l'invincible Charles-Quint.

Mais cette foule qui parade bruyamment devant ses vainqueurs, a-t-elle été rachetée de la misère et de l'esclavage qui pesaient sur elle lorsque nos soldats ont débarqué sur la plage de Sidi-Ferruch?

Le son du fifre et du tambourin se mêle aux cris des femmes et aux hennissements des chevaux. Arabes et Kabyles déchargent leurs armes en rivalisant d'ardeur, en poussant de rauques hurlements ; un nuage de poussière enveloppe les cavaliers et les dérobe aux regards des spectateurs, ainsi que leurs rapides coursiers.

Que veut donc cet Arabe solitaire, qui, le front ceint de la corde de chameau et accroupi au pied d'un olivier, contemple tristement cette scène ?

Il représente la vieille génération qui proteste, avec la sombre résignation du fatalisme oriental, contre l'ordre nouveau.

Or, avons-nous assez fait pour gagner à la cause du progrès les jeunes Algériens?

Faites tomber le haïk qui couvre les épaules du guerrier, vous y lirez peut-être encore les marques qu'imprima le bâton du chaouch, à moins qu'il n'ait frappé sur la plante des pieds.

Qu'on soulève le burnous de ces brillants cavaliers, on verra la misère et l'ignorance écrites en caractères repoussants. L'épouse a beau s'envelopper dans son voile couleur de neige, elle ne saurait cacher les traces de sa dégradation ; l'œil noir qu'on voit briller sous les plis du manteau suffit pour déceler sa famélique lubricité.

Les Arabes n'ont pas encore trouvé leur place dans la société algérienne ; la révolution sanglante que les Français ont apportée sur ces rives n'a pas encore été close par la période de régénération. Malgré toutes les fanfares guerrières plus bruyantes que du temps des Deys, un sentiment triste et lugubre domine la cérémonie, sorte de danse macabre de la société arabe.

L'allégresse de la population civile ne déguisera pas les longues souffrances de ces colons courbés sous le poids d'un travail ingrat. L'espoir de jours meilleurs illuminera peut-être ces visages amaigris par de laborieuses veilles, assombris par les assauts de la fièvre, mais la crainte d'une nouvelle illusion percera toujours dans la mâle attitude de ces fiers travailleurs tant de fois désenchantés. Hélas ! ne sont-ils pas trop cruellement éprouvés pour se réjouir sans arrière-pensée, ceux dont les femmes et les enfants dorment déjà sous une couche de terre à peine assez profonde pour protéger leurs dépouilles contre la dent des chacals et des hyènes qui hurlent dans les campagnes dépeuplées.

IX

Pendant que l'Algérie se prépare à déguiser ses douleurs en étalant ses espérances, le fils de la reine d'Angleterre, héritier présomptif de la couronne britannique, a traversé l'Océan.

Il se rend dans une riche colonie que ses pères ont conquise sur la France, dont la langue, dont les mœurs n'ont pas encore été oubliées.

Sur les frontières de cette verte et riche contrée fleurit une puissance dont rien ne semble devoir limiter l'expansion. Elle fut fondée par des hommes qui versèrent leur sang pour l'arracher à la tyrannie de ses ancêtres, et auxquels l'aide de la France permit de changer la révolte en révolution triomphante. Le fils de la reine d'Angleterre traversera bien des champs de bataille où les armes anglaises se sont couvertes de gloire, mais où le sang des vaincus, des insurgés, a coulé à flots.

Cependant, partout le jeune prince sera accueilli avec le même enthousiasme, avec la même cordialité. A peine s'apercevra-t-il qu'il sort des pays soumis à la couronne de sa mère pour passer dans les États voisins.

Les fils des Français oublieront leur origine pour rendre hommage, en sa personne, au gouvernement qui les laisse jouir d'une liberté si complète que l'émancipation n'est plus à désirer. Les républicains ne croiront pas déroger à leurs principes en acclamant le représentant d'une monarchie libérale, qui a profité des leçons qu'ils lui ont infligées.

Peut-être pourra-t-il oublier qu'il est prince, car personne ne songera à lui adresser des réclamations superflues. Nulle voix accusatrice ne s'élèvera contre les lenteurs administratives, contre des abus de pouvoir, contre des fonctionnaires infidèles à leur mandat.

Personne ne lui demandera de concéder des libertés nouvelles, de demander des subsides au Parlement anglais.

Dans aucune ville il ne trouvera des procès scandaleux près d'éclore, des finances obérées, des réformes à opérer.

Il pourra voyager sur toutes les routes sans qu'on soit obligé de répandre des fascines sous les roues de sa voiture, afin de dissimuler les ornières creusées dans des chemins mal entretenus.

Il pourra traverser tous les fleuves sans risquer d'être emporté par les eaux.

Des monuments gigantesques attesteront la puissance d'une nation qui atteint l'âge de la virilité, et qui exerce sa force productrice en construisant des ponts prodigieux, des chemins de fer d'un immense développement.

Partout il rencontrera des bateaux à vapeur, des usines, des cultures perfectionnées.

La terre inculte du Canada n'appartient nulle part à personne, et ceux qui veulent la féconder trouvent partout aide, crédit, secours, protection.

Nulle formalité n'entrave l'énergie du cultivateur; nulle clause résolutoire ne l'empêche de vendre ou ne paralyse son crédit.

Un courant incessant d'émigration se dirige vers ces fertiles rivages, et les enrichit du trop plein de la population des États encombrés de la vieille Europe.

Ceux qui mettent le pied sur cette terre féconde y demeurent pour la plupart, et engagent leurs proches, leurs amis, à imiter leur exemple. Nul ne repasse l'Atlantique en maudissant le jour où il a eu l'idée de confier sa fortune, son avenir, la vie de ses proches au pays qui prospère sous le règne des lois britanniques.

Qui produisit ces merveilles? Sont-ce les sacrifices que s'imposa la mère patrie?

Nullement, deux choses bien simples, deux vertus peu coûteuses, le libéralisme et la tolérance ont suffi : voilà, pour le Canada, le talisman de la perfide Albion.

X

Toutes les religions du monde semblent s'être donné rendez-vous en Algérie, sur cette terre où s'agitent les débris de tant de races différentes. Juifs, protestants, catholiques et musulmans passent côte à côte dans la foule bigarrée qui se presse sur la place du Gouvernement.

Le muezzin appelle les fidèles à la prière du haut du minaret, pendant que le son aigu des cloches catholiques retentit dans les airs.

Il n'est pas de religion qui n'ait dressé son autel sur ces rivages à moitié déserts; pas d'hérésie qui n'ait ses représentants; pas de confrérie qui ne compte des adeptes. Le jésuite coudoie un aïssaoua, le trappiste passe entre un rabbin et un mufti.

Le pouvoir civil, chargé de faire régner l'ordre au milieu de ce pêle-mêle d'opinions confuses, n'a aucun intérêt à prendre un parti quelconque. Sa sagesse se borne à savoir s'abstenir de se montrer partial, sa politique à ne pas favoriser les prétentions d'une secte aux dépens de ses rivales.

Toutes les religions supporteront une égale soumission à une loi commune, faisant régner des principes supérieurs à toutes les controverses, et planant pour ainsi dire sur toutes les théologies. Mais toutes se révolteront contre un régime de préférences injustes, de propagande interlope, de partialité hypocrite et de préférences déguisées.

On apprécierait surtout en Algérie la sagesse des hommes qui ont demandé qu'on trace une ligne de démarcation infranchissable entre la loi religieuse et la loi civile, qui se sont opposés à ce qu'on laisse le spirituel empiéter sur le temporel et créer une confusion analogue à celle qui, depuis tant de siècles, fait le malheur de toutes les théocraties.

En présence de prétentions rivales dont le contraste met en lumière le ridicule, l'homme intelligent n'a pas de peine à admirer la supériorité d'une tolérance réellement humaine, réellement universelle.

Pendant que des prêtres oublient la retenue qui convient à leur robe dans un siècle de lumières, et s'entourent de mercenaires pour retenir les lambeaux d'un pouvoir qui leur échappe, pendant que la Syrie est livrée aux horreurs de la guerre religieuse, songeons au touchant spectacle que pourrait facilement offrir l'Algérie.

Nous n'avons pas imité l'intolérance féroce des Espagnols, dont nous avons retrouvé les traces à Oran; mais avons-nous assez tiré parti des

principes de tolérance que nous retrouvons dans les écrits de nos philoso-
phes, de nos jurisconsultes, et dans le texte de certaines de nos lois ?

Nous n'avons certainement pas ensanglanté nos mains pour la satisfac-
tion d'un clergé impitoyable, comme l'ont fait tant de nations catholiques,
mais nous avons peut-être oublié que nous régnions sur une terre pré-
destinée, par sa situation géographique, à opérer le rapprochement des
différentes confessions religieuses.

Où, mieux qu'en Algérie, au sein d'une société naissante, pourront-
elles apprendre à se respecter leurs erreurs ? N'est-ce pas de ce désordre
que peut surgir quelque chose de divin ; un sentiment indéfinissable planant sur toutes les formes que le sentiment d'adoration de l'inconnu a
prises chez l'homme, et qu'on pourrait comparer à l'harmonie du vent
agitant les ondes de la Méditerranée.

Chose étrange ! les Français, qui cherchent généralement l'unité dans
toute chose, ne l'ont pas trouvée là où elle était réellement indispensable,
dans l'éducation de la jeunesse.

Si l'on veut faire défiler devant l'Empereur les jeunes Algériens, on sera
obligé de les faire comparaître les uns après les autres, de les partager en
troupes séparées.

Ici les catholiques, plus loin les protestants, d'un autre côté les israélites, enfin, à part, les musulmans ; rien de commun ni dans leurs cos-
tumes ni dans leur éducation.

Chaque religion a ses temples, mais l'humanité n'a pas encore le sien :
l'école, où tous les jeunes Algériens, quelle que soit la couleur de leur
peau et la nuance de leur foi, viendront indistinctement puiser une in-
struction commune.

Non, ce n'est pas un rêve d'une philanthropie extatique, c'est en Algérie
que doit commencer enfin la véritable trêve de Dieu.

Que ces enfants, élevés côte à côte dans les mêmes écoles, apprennent
quelque chose de plus essentiel peut-être que la science ! — Qu'ils oublient les tristes préjugés de leurs pères ! Là, sous l'invocation de la
France démocratique, on montrerait aux rejetons déshérités des races
déchues à devenir citoyens. — Nos fils se familiariseraient avec la langue
expressive et sonore des vaincus : les enfants du pauvre Arabe viendraient
conquérir à leur tour l'idiome des conquérants. Ne nous inquiétons
pas du soin de faire des chrétiens, chose qui n'intéresse que médiocrement la gloire de la France, et qui n'est pas essentielle à sa sécurité, mais
ne négligeons rien pour calmer les susceptibilités religieuses d'un peuple
qui attache tant d'importance aux formes extérieures de son culte.

Pourquoi une administration qui, au fond, n'est nullement jalouse de faire de la propagande catholique, conserverait-elle l'ostentation d'un zèle impolitique, même dans les pays catholiques ? Par suite de quelle aberration multiplie-t-elle les établissements religieux au milieu d'une population qu'elle tient à s'attacher et que ces cérémonies froissent ?

Pourquoi affecter de mettre entre les mains des prêtres l'éducation de la jeunesse européenne comme pour augmenter à plaisir la répugnance que les parents musulmans peuvent éprouver pour nos écoles ? La moindre condescendance pour les préjugés des vaincus suffirait pour vaincre ces répulsions dont les Anglais ont enfin su triompher dans l'Inde, parce que l'enseignement du christianisme est banni de leurs écoles publiques. L'influence qu'ils conquirent ainsi sur l'élite de la population indigène est la juste récompense de la tolérance qui a inspiré cette sage distinction entre le spirituel et le temporel.

Pourquoi ne pas donner aux musulmans dont nous voulons être les instituteurs, l'exemple de la discrétion, en interdisant des processions qui sont le prétexte quelquefois de conflits fâcheux, et qui entretiennent une dangereuse irritation ?

Tenons-nous à fournir un aliment aux conspirations des fanatiques qui, de la Mecque ou du fond du Maroc, essaient de tromper les indigènes sur la nature de notre domination ?

Du reste, parmi tous les prêtres algériens, ce ne sont peut-être pas les musulmans qui sont le plus hostiles à la politique de la France. S'il en est par malheur qui appellent contre nos drapeaux la colère du Dieu des armées, est-on sûr que ce soient toujours des muftis d'Alger ?

Quoi qu'il en puisse être, ce n'est point dans la langue du Koran que se rédigent les pamphlets dans lesquels on se déchaîne contre la part que la France a prise à l'affranchissement de l'Italie. Ce n'est point du haut de la chaire où se commente la parole du Prophète que sont parties des excitations qui ont scandalisé toute la population.

Le général Bonaparte, débarquant en pays musulman, n'aurait pas négligé un moyen de rassurer les indigènes sur la tolérance éclairée de la France, dont le génie civilisateur sait protéger indistinctement toutes les religions.

Il se serait rendu en grande pompe à la mosquée ; là, il n'eût pas craint de rendre hommage à la foi religieuse des vaincus, dont il eût ainsi désarmé les scrupules, rassuré les consciences et conquis l'affection.

Il aurait voulu porter lui-même le dernier coup au fanatisme dans un temple où l'iman des corsaires prêchait jadis la guerre sainte, sous ces voûtes édifiées par la main d'esclaves chrétiens.

XI

Au milieu des turbans, des burnous et des haïks, on n'est pas sans apercevoir le chapeau et la blouse des Européens. Mais la moitié à peine de cette minorité qui forme les travailleurs *roumis* appartient à la race conquérante. Toutes les nations d'Europe ont envoyé leurs représentants dans cette armée pacifique.

En contemplant ce que les étrangers ont fait, personne ne trouvera juste que les frères de travail de nos laborieux colons soient traités comme indifférents. La politique ne saurait exiger qu'on maintienne dressées les barrières qui écartent de la cité française des hommes ayant donné leur concours à une œuvre éminemment française, éminemment nationale. Ce ne serait point non plus la peine de venir à Alger pour se refuser à reconnaître tout ce que les israélites ont tenté afin de nous imiter, de se rapprocher de nous.

Est-il nécessaire d'énumérer les preuves de dévouement qu'ils nous ont données, avant même que la conquête fût consommée, lorsqu'il ne s'agissait encore que de la préparer ; ne les voit-on pas à l'œuvre, mettant en action la merveilleuse flexibilité de leur génie commercial, et comprenant admirablement toutes les ressources de notre civilisation ?

Ne sont-ils pas les propagateurs zélés de notre influence, les agents infatigables de nos desseins ? Plus que les autres Algériens peut-être ils rêvent l'extension de notre domination, car ils ont des coreligionnaires à délivrer dans une autre région barbaresque.

Pourquoi ne pas agglomérer à notre noyau colonial des éléments si précieux ? Quelle raison pourrait être invoquée pour ne pas imiter l'exemple des États-Unis, qui, plus généreux que la France, ne marchandent point ainsi le droit de cité, droit sérieux cependant dans un pays où le peuple toujours souverain se gouverne lui-même presque sans intermédiaire, presque sans agents ?

Si nous voulons créer un empire, ne négligeons aucun des moyens d'attraction qui peuvent amener des colons. Or est-il quelque chose de plus digne d'envie que la conquête du droit de cité, que de savoir qu'on s'établit dans un pays qui donne libéralement à ses fils d'adoption tout ce qu'il croit devoir accorder à ses propres enfants ?

XII

Aucun homme sensé n'aurait la pensée de faire remonter jusqu'au gouvernement métropolitain la responsabilité des tâtonnements et des lenteurs dont la colonie a malheureusement souffert si longtemps. L'hésitation n'est-elle pas trop souvent un devoir en face de questions si complexes, si multiples et si dangereuses, lorsqu'on administre une contrée située à cinq cents lieues de son portefeuille.

La constitution de 1852 avait accordé au Sénat le pouvoir de régler le gouvernement de l'Algérie ; cette haute prérogative pouvait en effet être réservée à des hommes qui ont passé en Algérie leurs plus belles années. Cependant les sénateurs ont paru se soucier médiocrement de remplir une si rude mission ; malgré la confiance que pouvait leur donner leur expérience personnelle, ils ont reculé devant la tâche qui leur était assignée, comme s'ils eussent douté d'eux-mêmes. Leur seul acte a été une sorte d'abdication, car ils se sont empressés de remettre, par un sénatus-consulte, entre les mains du chef de l'État les pouvoirs qu'ils en avaient reçus.

Il en résulte un fait bizarre, anormal.

La seule puissance que le chef de l'État exerce sans partage est celle dont il doit se servir pour gouverner un pays éloigné dont il est obligé de deviner d'instinct les mœurs, les besoins et les habitudes.

Pourquoi donc se trouve-t-il des gens assez peu soucieux de l'avenir de l'Algérie pour demander le maintien d'un régime évidemment transitoire, dont le moindre défaut est de paralyser les intentions bienveillantes des autorités supérieures ?

Que de fois le doute, habilement surexcité par des agents insidieux, n'a-t-il pas fait avorter les plans les plus grandioses !

Que de fois les hommes d'État qui ont eu à se prononcer sur les affaires algériennes n'ont-ils pas appris à apprécier le peu de créance que méritent les rapports officiels !

Ne se rappelle-t-on pas ces erreurs étranges auxquelles on a été si souvent exposé, même du temps du gouvernement parlementaire ; ces routes qui avaient coûté des millions et qui n'existaient que sur le papier ; ces villages dont la création était pompeusement enregistrée, mais dont les habitants avaient depuis longtemps péri de misère et de faim ; ces rapports mensongers dans lesquels les bœufs et les chameaux des tribus figuraient dans l'effectif des ennemis que nos soldats avaient mis en fuite!

Malgré les avantages incontestables résultant de la création du ministère de l'Algérie, les dossiers ne parcourent pas un chemin moins long et ne passent pas dans un moins grand nombre de mains que lorsqu'ils étaient transmis au ministre de la guerre par un gouverneur général.

Ne nous faisons pas illusion sur l'importance des progrès administratifs qui ont pu s'accomplir dans ces dernières années, jusqu'au point de croire qu'il ne reste plus rien à faire pour perfectionner l'organisation actuelle.

Le contrôle de la publicité, qui devrait surtout s'exercer sur des affaires dans lesquelles la politique générale du gouvernement n'est jamais engagée, est presque aussi illusoire qu'à l'époque où tant d'opinions erronées avaient cours; car les journalistes français ne paraissent pas avoir approfondi les affaires algériennes, auxquelles ils attachent une importance très médiocre. Quant à la presse algérienne, malgré le talent incontestable développé par plusieurs organes provinciaux, elle ne jouit pas d'une indépendance beaucoup plus réelle que dans les beaux jours du pouvoir militaire.

La faculté de donner des avertissements est déléguée à des fonctionnaires algériens d'un ordre inférieur, à de simples préfets, qui ne parviennent même pas toujours à suivre strictement les prescriptions tracées par les décrets organiques.

Des administrateurs qu'une dépêche télégraphique peut appeler aux fonctions algériennes, et qui ne connaissent par conséquent que bien imparfaitement les besoins et les intérêts du pays, acquièrent brusquement la puissance d'étouffer des réclamations dont ils sont hors d'état d'apprécier le mérite.

Éloignés du centre des affaires publiques, soustraits par conséquent à la surveillance du gouvernement, ces fonctionnaires sont pourtant armés de pouvoirs que les lois françaises n'ont pas confiés à leurs collègues, soumis au contrôle incessant du ministre de l'intérieur. Quelle garantie reste aux administrés, si des actes aussi considérables que des avertissements peuvent émaner d'un agent local, au lieu d'acquérir comme en France les proportions d'un événement politique dont l'administration a intérêt à ne pas rendre le retour trop fréquent?

Combien n'est-il pas à désirer qu'on retourne aux principes posés dans les circulaires du prince-ministre pour rendre efficace le concours de la publicité?

Le moment est arrivé où le gouvernement doit prendre un parti héroïque; des intérêts considérables se trouvent engagés en Algérie par la concession des chemins de fer, les valeurs algériennes vont être cotées en toutes les bourses d'Europe et influer pour leur quote-part sur le crédit public; il faut donc trancher le nœud gordien qui tient attaché le char de la colonisation européenne, choisir entre le pouvoir militaire et le pouvoir civil, entre le sabre et le rail, entre le règne de la force et celui de l'idée.

Personne, du reste, mieux que le ministre actuel de l'Algérie n'est à même de reconnaître l'efficacité de la presse et d'apprécier la nature des services qu'elle est appelée à rendre en matière de colonisation: car il s'applique avec un zèle louable à réaliser successivement les idées émises par des publicistes pour lesquels il ne peut être soupçonné d'avoir la moindre sympathie, et par des organes avec lesquels il n'a jamais eu la moindre connexion.

XIII

La voix du peuple algérien est trop faible pour traverser la mer qui sépare la colonie des rivages de la métropole à une époque où tant de sujets différents viennent préoccuper l'opinion.

Malgré la générosité naturelle au peuple français, les réclamations des Algériens ne sauront facilement le distraire des soins de la politique européenne.

On ne peut espérer qu'un peuple, trop peu soucieux généralement de ses propres intérêts, se montre plus jaloux de surveiller des affaires qui le touchent moins directement.

Comment exiger que nos compatriotes se passionnent pour le sort de cultivateurs qui accusent la régie d'avoir compromis leur agriculture?

Veut-on que des Parisiens, qui savent à peine ce que c'est qu'une concession, s'émeuvent en lisant un arrêté préfectoral dont il leur est difficile de comprendre le sens, la portée réelle?

Le public frivole se borne à s'extasier devant le costume de l'Arabe au long burnous, du Maure vêtu de couleur éclatante; il admire l'air martial du zouave et le vêtement bleu du tirailleur algérien; mais voit-il autre chose dans ces populations que des êtres bizarres, propres à flatter sa curiosité? Que lui importent leurs passions, leurs besoins, leur avenir?

Songe-t-on que ces hommes, dont la soumission flatte notre orgueil, ont comme nous leurs haines et leurs amitiés, qu'ils sont aussi bien que nous époux, fils et pères ?

Rarement les plaintes de la pauvre femme arabe exciteront la sympathie de nos épouses, de nos filles : fières de leur indépendance, elles dédaigneront les larmes de la malheureuse esclave qui, vendue par son père, a conservé cependant la noble mais douloureuse faculté de ressentir toutes les angoisses de la maternité.

Nos artisans, dont l'âme sympathique partage l'indignation des Hongrois et des Italiens, seront peu sensibles aux plaintes du Kabyle. Quelque soucieux qu'ils puissent être d'assister au triomphe du bon droit, ils oublieront trop facilement que l'incapacité ou la mauvaise foi d'un chef indigène a quelquefois excité les horreurs de la guerre dans une vallée autrefois libre et heureuse, avant la conquête civilisatrice de la France. Notre amour pour la justice ne s'étend pas toujours aussi loin que notre puissance; sommes-nous bien sûrs qu'il pénètre comme elle dans tous les ksours sahariens ?

On peut espérer que l'Algérie profite de l'attention avec laquelle on suit ordinairement les démarches les moins importantes du chef de l'État.

Les journaux, presque toujours indécis lorsqu'il s'agit de questions algériennes, dont ils sont bien loin encore d'apprécier l'importance, se croiront sans doute obligés d'ouvrir temporairement leurs colonnes à l'étude des différents problèmes que soulève la colonisation du pays, le gouvernement des indigènes, la naturalisation des étrangers, la constitution de la propriété!

Car on s'intéressera probablement au théâtre de fêtes qui partagent avec les bulletins de victoire le privilège de ne jamais lasser l'attention des Français ; on commencera à se rappeler qu'il existe en Afrique des villes destinées à devenir importantes, et des vallées d'une merveilleuse fertilité, dont on a oublié les noms depuis qu'elles sont habitées par des populations paisibles, depuis qu'elles ont cessé d'être périodiquement ravagées par des razzias.

Mais la solution des questions algériennes ne s'improvise pas comme une victoire; ce n'est pas trop de toutes les forces vives de la colonie surexcitées par la liberté pour les résoudre.

Un vaste et fertile territoire offre dorénavant à notre activité pacifique d'inépuisables richesses. Un long développement de côtes accidentées fournit un refuge assuré à nos navires, un nouvel aliment à notre activité commerciale. Le trop plein de notre population peut trouver place au soleil brûlant qui éclaire des plaines encore infécondes; des voies nouvelles, inexplorées jusqu'ici, peuvent conduire notre commerce jusque dans les mystérieuses profondeurs du désert. Le Soudan se montre dans un lointain horizon, derrière le rideau d'oasis où nous avons planté nos victorieux étendards.

XIV

Un avenir immense semble réservé à nos colons; seuls sans doute ils se trouvent à même d'apprécier complétement les ressources de leur patrie d'adoption, et seuls peut-être ils sont aptes à comprendre la manière de les exploiter convenablement; mais, seuls certainement de tous les Français, ils n'exercent aucune action sur leurs propres destinées.

Lorsqu'il s'agit de la France, avec les besoins de laquelle tout Français est nécessairement familiarisé, l'initiative de l'Empereur se trouve éclairée par les délibérations du Corps législatif, du Sénat et du Conseil d'État. Le Gouvernement lui-même semble prendre la tâche de rappeler à ces corps que la Constitution leur réserve un rôle important dans la gestion des affaires publiques. Il ne néglige aucune occasion pour rassurer l'opinion publique sur l'effet des lois sévères qui pèsent encore sur la presse périodique.

Cependant si la discussion pouvait devenir superflue quelque part, n'est-ce pas en France, où toutes les questions importantes ont été agitées avec une infatigable ardeur à tant de reprises, où toutes les différentes fractions de la famille nationale ont cessé d'être animées par un esprit d'indépendance et de jalousie.

Par suite d'une contradiction pour le moins singulière, le chef de l'État est appelé à gouverner d'une manière absolue précisément la partie du territoire national qu'il connaît le moins, sur laquelle il possède le moins de documents.

Personne ne connaît mieux les besoins d'un pays que les hommes qui l'ont adopté, qui lui ont confié leur fortune, l'avenir de leur famille, la vie même de leurs enfants. Jamais les colons, qui à force de courage, de travail et de dévouement, sont parvenus à se créer en Afrique une seconde patrie, n'ont cessé de protester contre la perte d'un droit primordial là où

il n'existe point encore de traditions pour contenir le pouvoir discrétionnaire. Chaque fois qu'il leur a été donné de faire entendre leur voix, ils
ont demandé surtout de faire eux-mêmes leurs affaires, en nommant les
différents corps représentatifs de la colonie. Tout en rendant hommage
au zèle et à l'intelligence que l'autorité supérieure avait développés dans
le choix de leurs conseillers généraux, ils ont réclamé l'honneur de les
élire eux-mêmes.

Bien plus, les conseils généraux, presque tous les conseils municipaux,
n'ont-ils pas donné un exemple de patriotisme et d'abnégation bien rare,
en émettant le vœu de voir leur mandat confirmé par le vote du corps
électoral ?

Dans aucun pays du monde, le droit de suffrage ne pourrait s'exercer
avec plus de calme et de fruit ; nulle part non plus on n'attache tant de
prix à l'exercice du droit de cité.

Ne serait-ce pas aussi la meilleure prime à offrir aux indigènes qui
voudraient accepter notre civilisation, que de leur ouvrir la perspective
d'une future francisation ?

Nous sommes persuadés que le gouvernement est animé des meilleures
intentions vis-à-vis de l'Algérie. Le chef de l'État ne peut venir en Afrique qu'avec l'intention de déraciner les obstacles qui entravent le développement de la colonie depuis de trop longues années.

Mais ne serait-ce pas en quelque sorte téméraire de supposer qu'on
puisse se dispenser de convoquer le corps électoral pour réaliser les progrès qu'on médite, pour donner à la colonie la vigoureuse impulsion dont
elle a besoin ?

La nomination par les électeurs d'assemblées délibérantes, se livrant
publiquement à la discussion des affaires publiques, serait suivie d'une
activité intellectuelle comparable à celle qui règne au Canada et en Australie.

Ce n'est pas seulement parce qu'ils veulent fournir à quelques avocats
l'occasion de prononcer d'éloquents discours sur les affaires coloniales,
que les Algériens voudraient nommer leurs représentants ; mais, par la
libre discussion de leurs affaires, ils arriveront à s'interroger eux-mêmes,
à préciser ce qu'ils veulent, à mettre en face les uns des autres tous les
intérêts ; enfin à indiquer au gouvernement l'ensemble des mesures dont
l'adoption sauvera le pays de la crise contre laquelle il se débat courageusement depuis d'interminables années.

Bien souvent, des commissions d'enquête ont traversé la Méditerranée ;
mais ces explorations ont-elles fait autre chose que mettre en lumière
l'insuffisance des réunions officielles ?

Ce n'est point à grand renfort de protocoles et de procès-verbaux qu'on arrive à découvrir la vérité. Rien ne remplace l'initiative individuelle de l'homme qui se passionne pour une idée, et qui se trace lui-même son programme.

C'est surtout au milieu des difficultés de la colonisation algérienne qu'on apprécie le concours que l'expression libre et spontanée des sentiments populaires peut donner à une administration désireuse de faire le bien du peuple qu'elle dirige.

La France n'a reculé ni devant la crainte de prodiguer ses trésors ni devant le danger de provoquer une guerre générale pour faire triompher en Italie la volonté nationale. L'Empereur peut obtenir le même résultat en Afrique sans qu'il en coûte ni un écu ni une goutte de sang. D'un mot il peut rétablir le suffrage populaire, qu'il a suffi d'un mot pour suspendre. Ne serait-ce pas la meilleure bienvenue qu'il pourrait donner à l'Algérie, que de lui restituer sa dignité civique, que de l'affranchir, elle aussi, depuis la frontière de Tunis jusqu'à celle du Maroc?

La politique de l'amnistie a été accueillie avec sympathie par la nation tout entière, qui attendait avec impatience l'heure où seraient effacées les traces de nos discordes civiles. Mais ne reste-t-il pas à compléter cette œuvre en amnistiant, non pas seulement quelques milliers d'hommes, mais bien un peuple entier?

Qu'un acte réparateur prouve que tout le monde répudie les accusations formulées, contre une population laborieuse et intelligente, par les parasites de la société coloniale. Puissent les colons trouver un nouvel élan en recouvrant les droits politiques qu'on ne saurait leur refuser plus longtemps sans déclarer qu'ils sont indignes de les exercer. Qu'il ne soit plus permis de dire que la France, ingrate pour ceux qui travaillent à agrandir sa puissance, traite en ilotes des hommes qui ont donné tant de preuves de patriotisme, et qui ne reculeraient devant aucun sacrifice pour défendre l'intégrité du territoire national, dont l'Algérie fait dorénavant une partie indissoluble.

L'Empereur pourrait facilement surpasser la générosité des gouvernements qui ont sacrifié tant de millions enfouis dans la colonie; mais la véritable manière d'enrichir l'Algérie, ce n'est point d'y apporter l'or de la mère patrie dont on a raison d'être avare, c'est d'y appliquer sans réticence les grands principes de 1789 dont on peut être prodigue sans danger. Ce n'est point avec des millions qu'on créera un empire en face de Marseille, c'est avec de la logique, avec de la liberté.

Aujourd'hui, les Européens doivent, pour ainsi dire, payer leur passage en laissant sur les rives de France leur droit de suffrage; ne serait-il pas opportun de supprimer ce péage bien plus lourd que celui des ponts du Rhône?

Du jour où les Bourbons régnèrent à la fois à Versailles et à l'Escurial, le grand roi put dire : « Il n'y a plus de Pyrénées. » Mais lorsque le suffrage universel sera consulté sur les deux rives du lac français, ne pourra-t-on point dire avec un orgueil beaucoup plus légitime : maintenant il n'y a plus de Méditerranée?

Paris. — Imprimerie de Dubuisson et Ce, rue Coq-Héron, 5. (1042)